Q Pièce
118

AF336125

COMPAGNIE PARISIENNE
D'ÉCLAIRAGE ET DE CHAUFFAGE PAR LE GAZ

ÉCLAIRAGE ET CHAUFFAGE
PAR LE GAZ

BIBLIOGRAPHIE

AVRIL 1878

PARIS
IMPRIMERIE Vve ÉTHIOU-PÉROU ET A. KLEIN
RUE DAMIETTE, 2 ET 4

COMPAGNIE PARISIENNE
D'ÉCLAIRAGE ET DE CHAUFFAGE PAR LE GAZ

ÉCLAIRAGE ET CHAUFFAGE
PAR LE GAZ

BIBLIOGRAPHIE

AVRIL 1878

PARIS

IMPRIMERIE Vᵉ ETHIOU-PÉROU ET A. KLEIN

RUE DAMIETTE, 2 ET 4

BIBLIOGRAPHIE DU GAZ

ACCUM . . . . *Practical treatise on Gas light.* London, 1815.

— *Mémoire sur l'éclairage suroxygéné*, d'après le procédé ACHERON. Br. in-4°. 1867.

ARMENGAUD . . . . *Notice sur la machine atmosphérique à gaz de MM. Langen et Otto, construite par la Compagnie Parisienne du gaz. (Extrait du XXIIe volume de la publication industrielle de M. Armengaud aîné.)* 1875.

ARGAUD. . . . . *Traité sur les lampes à courant d'air* publié dans les *Annales des Arts et Manufactures.* 1806.

ARSON . . . . *Expériences sur l'écoulement des gaz en longues conduites.* In-8°. Paris, Lacroix, 1867.

ARSON . . . . *Note sur la construction des Gazomètres.* Gr. in-8° avec fig. et pl. *(Mémoires des ingénieurs civils).* 1875.

AUDOUIN et BÉRARD . . . *Etude sur les divers becs employés pour l'éclairage au gaz, et Recherche des conditions les meilleures pour la combustion. (Extrait des Annales de Chimie et de Physique, août 1862).* Paris, Masson et fils, 1862.

AUSCHER . . . . *Températures élevées obtenues par le gaz d'éclairage. (Annales du génie civil.)* 1867.

AUSCHER . . . . *Les Régulateurs à gaz, historique de la question.* Appareils d'usine; appareils d'abonnés; avantages du régulateur, avec fig. et 2 pl. (*Annales du génie civil.*) 1867.

BANISTER . . . . *Gas manipulation with a description of the various instruments and apparatus employed in the analysis of coal and coal gas.* Londres, H. Sugg, 1867.

BARRAULT et PIQUET . . *Mémoire sur le gaz à l'eau,* obtenu par le procédé Gillard. In-8°. Paris, 1856.

BEAUFUMÉ. . . . . *Chauffage par le gaz.* In-4°. Paris, 1857.

BERGÉ . . . . *Du Gaz à l'eau et de la Carburation* (avec fig.). *Annales du génie civil,* 1866.

BERTHAULD-DUCREUX . . *Note sur les principes et les procédés fondamentaux de l'éclairage au gaz.* In-8°. Paris, 1854.

BLACHETTE . . . . *Du Gaz hydrogène carboné.* 1824.

BOIS . . . . Compagnie générale des compteurs à gaz *Opinions et rapport sur les avantages de l'indicateur Dumon.* In-8°. Paris, Dupont, 1856.

BORDIER. . . . . *La parabole soumise à l'art, ou Essai sur la catoptrique de l'éclairage.* 1819.

BORDIER. . . . . *Notice descriptive d'un fanal à double aspect et d'un système de fanaux à double aspect.* Extrait des *Annales de l'industrie nationale et étrangère.* 1823.

BOUDIN. . . . . *Recherches sur l'Eclairage.* Paris, Baillière, 1851.

BOUIS. . . . . *Empoisonnement par le gaz.* Paris, Mallet-Bachelier, 1859.

BOWDITCH. . . . . *Analysis, technical valuation, purification and use of Coal Gas.* Londres, 1867.

BOWER . . . . *The Gas engineer's book of reference.* Londres, 1865.

BREDMAYER. . . . . . . *Note sur les rhéomètres à gaz de M. Giroud. (Bulletin de la Société industrielle de Mulhouse,* t. XLIV), **1874.**

BRIQUET . . . . *De l'Éclairage artificiel.* Thèse in-4°. 1837.

BRUNFAUT et Cie. . . . . *Notice sur la fabrication du coke.* Moyen de recueillir les sous-produits de la carbonisation de la houille, tels que gaz, goudron, sels ammoniacaux perdus jusqu'à ce jour, avec l'emploi des anciens fours qui pratiquent le coke. In-8°. Paris, 1856.

CABROL . . . . *Notice sur l'application de l'appareil à gaz carboné.* 1837.

CARLEVARIS. . . . . . . *La Luce ossi idro-magnesiaca e le sue applicazioni.* Florence, Turin et Milan, 1868.

CASSIAN BON . . . . . . *L'Industrie gazière en Italie.* Rome, Artero et Cie, 1876.

CHALLETON DE BRUGHAT. *De la Tourbe.* Étude sur les combustibles employés dans l'industrie. In-8°. Paris, 1861.

CHANCEL et DIACON . . . *Sur le chauffage au gaz dans les laboratoires de chimie.* In-8° avec pl. Paris, 1861.

CHANDLER. . . . . *Report on the gas nuisance in New-York.* New-York, D. Appleton et Cie, 1870.

CHATEL jeune . . . . *Notice sur les différents systèmes d'éclairage depuis les temps anciens jusqu'à nos jours.* In-8°. Paris, 1859.

CLAMOND . . . . *Note de M. Clamond sur une pile thermo-électrique chauffée par le gaz,* présentée à l'Institut, br. in-4°. 1874.

CLEGG. . . . . *Practical treatise on gas lighting.* 1 vol. in-4° avec pl. Londres, 1841 ; 2° édit. en 1853 ; 3° édit. en 1859 ; 4° édit. en 1866.

CLEGG. . . . . *Traité pratique de la fabrication et de la distillation du gaz d'éclairage et de chauffage.* 1 vol. in-4° avec pl. Paris, Lacroix, 1866. (Traduction de M. Servier.)

CLERCQ (DE). . . . . *Note sur l'éclairage au gaz des trains de chemins de fer,* d'après le système Cambrelin. In-8°. Bruxelles , van Dooren , 1867.

COLBURN . . . . *The Gas-works of London.* In-8°. Londres, E. et F. N. Spon, 1865.

COMBES. . . . . *De l'Eclairage au gaz étudié au point de vue économique et administratif, et spécialement de son action sur le corps de l'homme.* Paris, Mathias, 1845.

Cie PARISIENNE . . . . . *Le Chauffage au coke pour les usages domestiques.* Br. avec grav. intercalées dans le texte. 1858.

Cie PARISIENNE . . . . . *Le Chauffage au gaz et au Coke.* In-4°. Paris, Viesener, 1862.

C^{ic} PARISIENNE . . . . . *Note relative aux divers produits et aux ouvrages exposés à Vienne par la Com-*

pagnie. In-4°. Paris, Ve Ethiou-Pérou, 1873.

CORMIER . . . .   *Gaz à l'eau*. Br. in-4°. Paris, 1854.

CORMIER . . . .   *Réponse à une lettre insérée dans le* JOURNAL DE L'ÉCLAIRAGE AU GAZ. Br. in-8°. Le Havre, 1855.

DEMANET . . . .   *Gisement, extraction et exploitation des Mines de houille*. 1 vol. Lacroix.

HURCOURT (D'). . . . . .   *De l'Éclairage au gaz*. 1845. 2e édit. en 1863. 1 vol. in-8° avec atlas. Paris, Dunod, 15 fr.

HURCOUR (D') . . . . . .   *Notice sur l'Industrie du gaz à l'Exposition de 1867*. Gr. in-8° avec 4 fig. et 1 pl.

DUBRULLE. . . . .   *Lampes de sûreté perfectionnées*, pour Mines de houilles, fabriques d'alcool, vernis, gaz d'éclairage. Rapport par M. Delezennes. In-4°. Lille, 1854.

DUMON . . . .   *Manuel du Consommateur de gaz*, ou dégrèvement annuel de 5 millions de francs au profit des Commerçants de Paris et de la Banlieue. In-18. Paris, 1853.

DURAND. . . . .   *Étalon légal ou Mesure type du Pouvoir éclairant du gaz*. Commentaire sur l'Instruction pratique de MM. Dumas et Regnault. 1 br. avec pl. Paris, 1 fr., 1864.

DURAND. . . . .   *Brevets pris dans l'industrie du gaz*, de 1791 à 1844. 1 vol. in-8°, 5 fr., 1867.

DURAND. . . . .   *Questions administratives en matière d'Éclairage au gaz* (soumises au Conseil d'État et résolues par lui), 1 vol. in-18, 15 fr., 1869.

DURAND. . . . . *Recueil de Jurisprudence* (relatif aux différends qui peuvent s'élever entre les Compagnies de gaz et leurs abonnés. 1 vol. in-18, 15 fr., 1869.

DURAND. . . . . *Législation spéciale* (contenant toutes les lois, y compris les plus récentes, relatives aux établissements insalubres, aux usines à gaz, aux machines à vapeur, aux dépôts d'hydrocarbure et aux municipalités). 1 vol. in-18, 4 fr., 1869.

DURAND. . . . . *Contrôle pratique de la qualité du gaz.* 2ᵉ édit. 1 vol. in-18, avec pl., Paris, 1873.

DURAND. . . . . *Service de l'Éclairage de la voie publique.* In-18. Paris, 1873.

DURAND. . . . . *Du Compteur à gaz pour le service des abonnés.* 1 vol. in-18 avec pl. 3ᵉ édit. Paris, 1874.

DURAND, ... *Guide de l'abonné au Gaz d'éclairage et de chauffage* (extrait de LA HOUILLE). Nouv. édit., 1 fr. 50. Paris, 1874.

DURAND. . . . . *De la Comptabilité des Usines à gaz.* 1 vol. in-18 avec annexe, 6 fr., Paris, 1874.

DURAND. . . . . *Avantages de l'emploi du gaz et du coke.* Br. de 24 p. 1877.

DURAND. . . . . *Tablettes du Directeur d'usine.* 1 vol. in-18.

ELDRIDGE. . . . . *The gas fitter's Guide.* In-18. Londres, 1872.

ENGELMANN . . . . *Notice sur une lampe à gaz portative,* par M. Engelmann. Rapport sur cette notice par M. Penot *(Bulletin de la Société industrielle de Mulhouse, t. X).* 1837.

EHRMANN . . . . *Description et usage de quelques lampes à air inflammable.* Avec une pl. gravée en taille-douce. Strasbourg, Heitz, 1780.

FAGES . . . . *Éclairage de la ville de Narbonne par le gaz hydrogène extrait de l'eau.* Réponse à quelques critiques adressées à l'Ingénieur de l'Usine à gaz. In-8°. Paris, 1858.

FARADAY . . . . *Histoire d'une Chandelle.* Paris, Hetzel, 1870.

FAURE . . . . *Étude sur les procédés de fabrication du gaz à la houille et du gaz à l'eau,* proposés par M. Galy-Cazalat (Rapport au Comité de l'Association des inventeurs). In-8°. Paris, 1855.

FERGUSON . . . . *Combustion économique des gaz d'éclairage.* In-8°. Mulhouse, 1859.

FICHET . . . . *Étude sur la Combustion.* 1 br. in-8° avec fig.

FICHET . . . . *Notice sur l'Appareil de M. Orsat pour l'analyse des gaz.* 1874.

FIGUIER. . . . . *L'Art de l'Éclairage* (Extrait des *Merveilles de la Science).* Paris, Hachette et Cᵉ. 1870.

FIGUIER. . . . . *Chauffage par le gaz* (Extrait des *Merveilles de la Science).* Paris, Furne, Jouvet et Cᵉ. 1870.

FLAMM . . . . *Guide pratique du Constructeur d'appareils économiques de chauffage pour les combustibles solides et gazeux.* 1 vol., 157 p. et 4 pl.

FONTAINE . . . . *Éclairage à l'Électricité.* Paris, Baudry 1877.

FORQUERAY . . . . *L'Éclairage à l'Exposition universelle.* In-8°. Paris, 1856.

FORQUERAY . . . . *Une visite à l'Usine à gaz de Passy.* In-8°. Saint-Germain, 1856.

FOUCAULT . . . . *Rapport sur le Pouvoir éclairant des produits gazeux fournis par la Distillation de la Tourbe.* Br. in-8°. Paris, 1855.

FOURNIER . . . . *Notice sur un procédé nouveau pour révéler les fuites de gaz dans les Appareils d'éclairage et de chauffage.* Br. in-4° avec pl. Paris, 1860.

FRESQUET . . . . *Économie dans l'Éclairage au gaz,* ou le Propagateur des connaissances utiles aux consommateurs de gaz pour arriver à une économie de 10, 15 et même de 20 °/₀. Br. in-8°. Bordeaux, 1854.

FUSCHS . . . . *Mémoire sur le Pouvoir éclairant du gaz de boghead.* In-4°. Paris, 1866.

GALY-CAZALAT . . . . . *Mémoire sur les gaz d'éclairage et de chauffage.* In-4°. Paris, 1855.

GANDILLOT . . . . *Mémoire à M. le Préfet de police sur la nécessité de substituer les tuyaux de fer aux tuyaux de plomb pour les conduits du gaz et de l'eau.* In-4°. Paris, 1853.

GATLIFF et P. PERS . . . *De l'Éclairage au gaz dans les Maisons particulières.* In-18. Paris, Guyot et Scribe, 1856.

GAUDIN. . . . . *Chauffage et éclairage à bon marché.* Rapport sur le gaz hydrogène pur extrait de l'eau, comparé au gaz de houille et au gaz de tourbe. In-8°. Paris, 1855.

GAUDRY, ... *Notice sur l'Invention de l'Éclairage par le gaz hydrogène carboné, et sur Philippe-Lebon d'Humbersein, inventeur.* Paris. 1856.

GEINITZ, FLECK et HARTIG (D^{rs}). *Die Steinkohlen Deutschland's und anderer lander Europa's* (Des Houillères de l'Allemagne et autres parties de l'Europe). 2 vol. avec atlas de 28 cartes. Munich, Oldenbourg, 1865.

GERMINET. . . . . *Traité pratique de Chauffage par le gaz.* Paris, Philippart, 1868.

GERMINET. . . . . *Le Chauffage par le gaz,* ses emplois industriels et ses applications aux usages domestiques. 1 vol. gr. in-18. Paris, Lacroix, 1876.

GIBON. . . . . *Éclairage au gaz.* Brochure extraite du *Dictionnaire des Arts et Manufactures,* publié par Deck. Bruxelles, 1856.

GILLARD . . . . *Chauffage de Paris à bon marché.* In-8°. Paris, 1855.

GIRARDIN et BURET . . . *Four à Coke,* nouveau système avec utilisation simultanée du gaz d'éclairage et de chauffage et de divers produits industriels qui résultent de cette fabrication. In-4°. Paris, 1858.

GIRAÜLT . . . .   *Mémoire sur un projet d'éclairage par le gaz, de chauffage par la vapeur et de ventilation.* In-8°. Paris, Mathias.

GIROUD . . . .   *De la pression du gaz d'éclairage et des moyens à employer pour la régulariser.* (Deux parties et 1 atlas.) Paris. 9 fr. 1867.

HALL . . . .   *Éclairage des voitures de chemins de fer.* Avec fig. et pl. hors texte. 1866.

HAMEL (D^r), de Saint-Pétersbourg.   *Expériences faites dans la mine de houille de Dechank.* 1816.

HUGUENY . . . .   *Traité élémentaire et pratique du Chauffage au gaz.* In 8°. Paris, Roret, 1857.

HULL . . . .   *The coal-fields of Great-Britain.* 1 vol. in-8° illustré avec carte houillère d'Angleterre. Londres, Stanford, 1861.

JEANNENEY . . . .   *Notice sur l'Éclairage au gaz.* In-8°. Mulhouse, Baret, 1853.

JEANNENEY . . . .   *Usines à gaz destinées aux établissements industriels.* In-4°. Mulhouse, 1853.

JEANNENEY . . . .   *Notions sur l'Emploi du gaz.* In-4°. Mulhouse, 1857.

JEANNENEY . . . .   *Notice sur l'Emploi du gaz,* bulletin de la Société industrielle de Mulhouse. 1858.

JEANNENEY . . . .   *Emploi du Gaz dans les villes.* In-8°. Strasbourg, 1862.

JOBARD . . . .   *Histoire d'une Bulle de gaz,* cosmogénie amusante. In-18. Bruxelles, Flateau, 1857.

JORDAN . . . . *Les Usines à gaz de Londres en 1862*, traduction de l'ouvrage de Colburn. 1865.

KERSANTÉ . . . . *De l'Éclairage public en province*, ou des moyens de vulgariser en France l'éclairage au gaz de houille et celui plus économique au gaz de marc de pommes, poires et raisins. 1 vol. in-8°.

KÉNIZ . . . . *Les réservoirs à gaz peuvent-ils faire explosion ?* (*Annales du Génie civil*). 1863.

KRAUS . . . . *Étude sur le Four à gaz et à chaleur régénérée de Siemens.* 1 vol. gr. in-8° avec pl.

KNAB . . . . *Étude sur les Goudrons et leurs nombreux dérivés.* In-8°. Paris, Lacroix, 1866.

LACARRIÈRE . . . . *Note sur la situation et l'avenir des Compagnies d'éclairage au gaz de Paris.* In-4°. Paris, 1854.

LAMING . . . . *Variation de pression du gaz d'éclairage* (*Mémoire des Ingénieurs civils*). 1870.

LAURA (L'abbé) . . . . . . *Rapport sur les modifications apportées au système d'éclairage actuellement en usage.* Br. in-4°. Toulon, 1853.

LEFEBVRE . . . . *Moteur Lenoir*, notice et instruction pratique sur le moteur à air dilaté par la combustion du gaz d'éclairage. In-18. Paris, Dentu, 1864.

LELOUP . . . . *Compteur à gaz.* Appareil distributeur à prise de gaz centrale de M. Coingt. (*Annales du génie civil.*) 1864.

LENCAUCHEZ . . . . *Traité concernant la Tourbe*, son extraction et son emploi industriel, ou Guide pratique pour la fabrication des briquettes de Tourbe et pour leur utilisation générale en métallurgie, en cristallerie, en verrerie, et pour le chauffage au gaz. 1 vol. gr. in-8°, avec atlas de 17 pl.

LE ROUX . . . . *Manuel du consommateur des gaz d'éclairage et de chauffage.* In-18. Paris, 1856.

LETHEBY (Dr) . . . . . . *De la purification du gaz d'éclairage* (avec planches). Prix du gaz d'éclairage. Augmentation du pouvoir éclairant du gaz. (*Annales du génie civil,* 1865.)

LETHEBY . . . . *Extrait du rapport sur la Tourbe comprimée.* In-4°. Paris, 1855.

LONGBOTTOM . . . . . . *History of the introduction of gas lighting.* In-4°. London, Francis, 1857.

LONGBOTTOM . . . . . . *Éclairage au gaz.* Améliorations apportées dans la distillation de la résine et dans la fabrication du gaz d'éclairage. In-4°. Paris, 1858.

MAGNIER . . . . *Manuel complet de l'éclairage au gaz.* 1 vol. in-18. Paris, Roret, 1849.

MAGNIER . . . . *Nouveau Manuel complet de l'éclairage et du chauffage par le gaz.* 2 vol. in-18 avec pl. Paris, Roret, 1866.

MAGNIER . . . . *De la fabrication et de l'emploi des huiles minérales.* Paris, in-8°, Roret, 3 fr. 50 c. 1867.

MAGNUS OHREN . . . . . *On the advantages of gas for cooking and heating.* Londres, 1875.

MALLET. . . . . *Notice sur l'épuration du gaz d'éclairage.* 1842.

MALLET. . . . .   *Notice sur l'épuration du gaz d'éclairage.* 1845.

MALLET. . . . .   *De l'éclairage par le gaz.* (Extrait du *Dictionnaire des Arts et Manufactures* de LABOULAYE.) Paris, 1874.

MARCHAND . . . .   *Appareils à gaz d'éclairage.* In-8°. Paris, 1865.

MARRIOTT et GLOVER . .   *The Gas consumer's manual.* Londres, Simpkin, Marshall et C°, 1862.

MARTEL. . . . .   *Manuel de la Salubrité, de l'Éclairage et de la Petite Voirie.* Paris, Cosse et Marchal, 1859.

MATTHEWS . . . .   *An historical sketch of the origin and progress of gas lighting.* London, Simpkin and Marschall, 1832.

MAURICE . . . .   *La Houille et l'exploitation des houillères en Angleterre.* Paris, Dunod, 1871.

MERCIER . . . .   *Notice sur le traitement de la Tourbe et sa carbonisation par les procédés brevetés de l'auteur.* In-4°. Paris, 1859.

MERLE . . . .   *Traité sur le gaz et tous les appareils nécessaires à sa fabrication.* Paris, Roret, 1837.

MOIGNO (L'abbé) . . . . .   *Les éclairages modernes.* Paris, Gauthier-Villars, 1867.

MONGRUEL . . . .   *Révolution économique dans l'industrie de l'éclairage par application du photogène et du générateur Mongruel.* In-8°. Paris, 1862.

MONNIER . . . .   *Aide-mémoire pour le calcul des conduites* de distribution du gaz d'éclairage et de chauffage. Br. in-4°. Paris, Baudry, 1876.

MORET D'AIGUEBELLE (DE). *Éclairage et chauffage par le gaz hydrogène pur extrait de l'eau (procédé GILLARD), adopté par la ville de Narbonne.* In-4°. Carcassonne, 1856.

MOUSSERON . . . . *Grandeur et décadence, la pompe et la fuite des gaziers.* — Charge héroï-comique en trois temps. Paris, 1868.

MULLER . . . . *Éclairage au gaz de naphte.* In-8°, Paris, Vallée, 1868.

NÉRET . . . . *Réchaud à air inflammable.* (Description dans le *Journal de Physique* de l'abbé Rozier.) 1777.

NEWBIGGING . . . . *The gas manager's handbook.* Londres, King, 1870.

NODIER et PICHOT . . . . *Essai critique sur le gaz hydrogène et les divers modes d'éclairage artificiel.* Paris, in-8°, 1823.

OPPERMANN . . . . *Le chauffage au gaz.* (Extrait des *Nouvelles Annales de la Construction,* 1857.)

PATOT . . . . *Le gaz à domicile.* Système R. de Curel et J. Corso. In-8°. Marseille, 1860.

PATTERSON . . . . *On gas purification.* In-8°. Londres, Blackwood and Sons, 1874.

PAYEN . . . . *Épuration du gaz en Angleterre.* (*Annales du Génie civil,* 1869.)

PAYEN . . . . *Traité de Chimie industrielle.* Hachette et Cie.

PECKSTON. . . . . *Practical treatise on the manufacture of gas.* London, 1819.

PÉCLET. . . . . *Traité de l'éclairage.* Paris, Malher et Cie, 1827.

PÉLIGOT . . . . *Note sur l'appareil dit* saturateur *propre à carburer le gaz d'éclairage,* par Lacarrière aîné. In-8°. Paris, 1857.

PELOUZE père . . . . . . *Traité de l'éclairage au gaz.* 1 vol. in-8°, avec pl. Paris, Maison, 1839.

PELOUZE père . . . . . . *Traité de l'éclairage au gaz.* (Revu par Pelouze fils.) 2 vol., dont un Atlas. Paris, 1858.

PENOT. . . . . *Rapport sur un Chapiteau de l'invention de M. Hugueny, servant à accroître le pouvoir éclairant des becs de gaz. (Bulletin de la Société industrielle de Mulhouse, t. XXI.)* 1848.

PENOT. . . . . *Notice sur l'Eclairage au gaz,* par M. Jeanneney. Rapport sur cette note par M. Penot. *(Bulletin de la Société industrielle de Mulhouse, t. XXV.)* 1853.

PENOT. . . . . *De l'influence de la hauteur des becs de gaz sur l'éclairage des rues. (Bulletin de la Société industrielle de Mulhouse, t. XXXV.)* 1865.

PENOT. . . . . *Note sur un appareil propre à régler la pression du gaz,* par M. Ferguson. Rapport sur cette note par M. Penot. *(Bulletin de la Société industrielle de Mulhouse, t. XXX.)* 1859.

PENOT. . . . . *Note sur un régulateur de pression pour le gaz,* par M. Ferguson. Rapport sur cette note par M. Penot. *(Bulletin de la Société industrielle de Mulhouse, t. XXXI.)* 1861.

PÉRISSÉ. . . . . *Note sur le four à gaz avec récupérateur de chaleur,* système Ponsard. 1 vol. in-8° avec fig. et pl.

PINTSCH. . . . . *Régulateur à gaz.* Régulateur de M. Pintsch. *(Annales du génie civil.)* 1870.

POLLACCI . . . . *Storia chimica, fisica, ingienica e industriale della illuminazione a gas.* Florence, E. et F. Cammelli, 1867.

POUILLET . . . . *Gaz hygiénique pour éclairage et chauffage.* *(Mémoire sur le gaz extrait de l'huile de résine.)* Deux Rapports à l'Institut en 1834. In-4°. Paris.

PRIESTLEY . . . . *Expériences et observations sur différentes espèces d'air.* Traduit de l'anglais par Gibelin. 1777.

POURCET . . . . *Note sur la production industrielle du gaz oxygène par le procédé Tessié du Motay.* Gr. in-8°, 12 pl. *(Mémoires des ingénieurs civils.)* 1871.

QUAGLIO Julius. . . . . . . *Catéchisme de l'industrie du gaz.* Ouvrage destiné aux ingénieurs, directeurs, installateurs, fabricants, etc. 1 vol. pet. in-8° avec 6 pl. et de nombreux dessins dans le texte. Imprimé en langue allemande, à Vienne (Autriche), chez MM. Lehmann et Wenkel, librairie technique et artistique. 1876.

REISSIG et SCHILLING. . . . *Handbuch für holz und torfs gas beleuchtung.* *(Traité du gaz au bois et à la tourbe.)* Munich, Oldenbourg, 2 vol. avec pl. 1863.

RUDORFF . . . . *Détermination de l'acide carbonique contenu dans le gaz d'éclairage.* (Avec fig.) 1866.

RUEFF. . . . . *Note sur la canalisation du gaz.* (*Annales du génie civil*). 1865.

RUTTER. . . . . *De l'éclairage au gaz dans les maisons particulières.* 1856.

SAGE . . . . *De la nature et de la production du gaz électrifiable.* In-8°. Paris, Didot, 1815.

SALMON. . . . . *Nouveau système de four à coke et à gaz.* In-8°. Paris, 1856.

SAUVAGE . . . . *Le Secret du Compteur.* In-16. Paris, 1854.

SCHWARTZ. . . . . *Observation sur la fabrication du gaz d'éclairage,* par M. Penot. Rapport sur ce Mémoire, par M. Schwartz. (*Bulletin de la Société industrielle de Mulhouse,* t. XIV.) 1841.

SHILLING . . . . *Handbuch für Steinkohlengasbeleuchtung* (Traité de l'Éclairage au gaz de houille). Munich, Oldenbourg. Traduction de cet ouvrage par Servier. Paris, Lacroix, 1866.

SEBILLE. . . . . *Réponse au Mémoire adressé par M. Gandillot à M. le Préfet de police sur la nécessité de substituer les tuyaux de fer aux tuyaux de plomb pour les conduites de gaz.* In-4°. Nîmes, 1853.

SERVIER . . . . *Notice sur le Moniteur électro-magnétique de pression ou de niveau à maxima et minima.* In-16. Paris, 1859.

SERVIER . . . . *Notice sur l'Auto-Régulateur à gaz breveté.* In-4°. Paris, 1861.

SIEMENS . . . . *Four à gaz à chaleur régénérée.* In-8°. Paris, Dunod, 1867.

TAVIGNOT (D^r). . . . . . . *Mémoire sur l'Éclairage au gaz. Br. in-8°. Paris, Leclère, 1858.*

TISSANDIER . . . . *La Houille. 1 vol. in-8° orné de vignettes. Paris, Hachette et Cie, 1869.*

TRESCA . . . . *Sur l'invention et l'avenir des Machines à gaz combustibles. In-8°. Paris, 1861.*

TROTTIER, SCHWEPPÉ et Cie. *Tuyaux en bois et coltar combinés pour conduites de gaz et d'eau. In-12. Angers, 1855.*

TURGAN. . . . . *Les grandes usines de France, 1863.*

VOGEL . . . . *Influence de la température sur le gaz d'éclairage. (Annales du Génie civil, 1870.)*

WATSON . . . . *Remarques sur l'état actuel et l'avenir de l'éclairage électrique, et sur la production sans frais de l'électricité. Br. in-8°. Paris, 1854.*

WINDSOR . . . . *Résumé historique et démonstratif sur l'éclairage par le gaz hydrogène. Paris, Firmin Didot père et fils, 1824.*

ANNÉE 1812. . . . . . . *La nouvelle manière d'éclairer par l'expansion du gaz hydrogène, ou Dialogue entre un Français et un étranger sur le nouvel éclairage des galeries Montesquieu. In-8°, 1/2 feuille. Paris, Nicolas-Vaucluse.*

1814 . . . . *Secours à employer dans l'exploitation des Mines de houille, préservatifs contre les émanations métalliques, suivis d'un moyen nouveau pour enlever les asphyxiés. Paris, Chaigneau aîné.*

ANNÉE 1815 . . . . *De la nature et de la production du gaz élec-*
trifiable. In-8°. Paris, Didot.

1816 . . . . *Expériences faites dans le laboratoire de*
l'École royale des Mines avec le gaz hydro-
gène pur et le gaz hydrogène carboné.
(Annales des Mines, t. I, p. 197.)

1823 . . . . *De l'éclairage par le gaz hydrogène.*

1823 . . . . *Du gaz hydrogène et de son emploi dans le*
nouveau système d'éclairage.

1823 . . . . *Notice sur le grand gazomètre du faubourg*
Poissonnière.

1824 . . . . *Instruction sur l'emploi des lampes de sûreté*
dans les mines. Publié par le Conseiller
d'État, Directeur général des Ponts-et-
Chaussées et des Mines.

1829 . . . . *De l'Eclairage de Lyon par le gaz.* Lyon,
in-4°.

1836 . . . . *Notice sur le Gaz portatif comprimé.*

1836 . . . . *Du Gaz de résine.*

1853 . . . . *Usine à gaz sur la propriété de M. Blache,*
à Bernay. In-4°. Bernay.

1854 . . . . *Mémoire sur le gaz de tourbe employé*
comme éclairage public. Br. in-4°. Paris,
Chaix.

1854 . . . . *Notice sur l'éclairage au gaz de tourbe.*
Br. in-8°. Marseille. Marius Olive.

1854 . . . . *Mémoire sur la carburation du gaz de tourbe*
et son application à l'éclairage des villes.
Br. in-8°. Paris, Chaix.

ANNÉE 1856 . . . . *Compagnie Universelle du bec à gaz le* SELF-REFLECTING. *(Notice sur les avantages de ce nouveau brûleur et sur ceux du gaz portatif extrait des substances résineuses.)* In–8°. Marseille.

1856 . . . . *Almanach des abonnés au gaz et Carnet des dépenses journalières du compteur,* par Dumas, appareilleur pour le Gaz.

1856 . . . . *Chauffage et éclairage par le gaz platine.* Réponse aux observations de la municipalité du Havre sur ce gaz. In-4°. Paris.

1858 . . . . *Tuyaux de fer et tuyaux de plomb considérés sous le rapport de leur emploi pour conduire le gaz.* In–8°. Strasbourg.

1861 . . . . AVANT-PROPOS. — *Considérations en faveur d'une Compagnie Générale pour l'éclairage des chemins de fer et des villes de France par le gaz isolé.* In-4°. Paris. Martinet.

1861 . . . . *Texte du Traité pour l'éclairage et le chauffage par le gaz dans la Ville de Paris.*

1864 . . . . *Note sur le système de chauffage de M. Siemens et son application à la métallurgie du fer. (Annales du génie civil.)*

1864 . . . . *Chauffage des chaudières à vapeur par le gaz d'éclairage. (Annales du génie civil.)*

1867 . . . . *Les Appareils d'éclairage à l'Exposition.* Eclairage au gaz naturel. Gaz d'éclairage obtenu des marcs de raisin. Evaluation du pouvoir éclairant de diverses substances. *(Annales du génie civil.)*

ANNÉE 1867. . . . . *Bec de gaz du docteur Buchner.* *(Annales du génie civil.)*

1868 . . . . *Epuration du gaz d'éclairage.* Appareil enregistreur des variations de pression dans les conduites de gaz. Emploi de la vapeur produite par le gaz. Renseignements sur les compteurs humides à gaz. *(Annales du génie civil.)*

1869 . . . . *Nouvelle forge à gaz.* Avec pl. *(Annales du génie civil).*

1869 . . . . *L'air dans le gaz d'éclairage.* *(Annales du génie civil.)*

1869 . . . . *Discussion sur les compteurs à gaz.* Effets des effluves du gaz d'éclairage. Robinets de sûreté pour les becs à gaz. *(Annales du génie civil.)*

1869 . . . . *Note sur un robinet de sûreté pour les becs à gaz. (Bulletin de la Société industrielle de Mulhouse, t. XXXIX.)*

1869 . . . . *Le Grisou employé comme éclairage.* *(Annales du génie civil.)*

1870 . . . . *Texte du Traité pour l'éclairage et le chauffage par le gaz dans la Ville de Paris.*

1872 . . . . *Fabrication du gaz à l'huile lourde de pétrole* *(Annales du génie civil.)*

1872 . . . . *Eclairage des wagons.* *(Annales du génie civil).*

1872 . . . . *Application du gaz au chauffage.* *(Annales du génie civil.)*

1872 . . . . *Locomotive à gaz.* Avec pl. *(Annales du génie civil.)*

ANNÉE 1872 . . . . *Lumière oxy-hydrique*. Rapports officiels et décision prise par le Conseil municipal de Paris. Br. in-4° avec plan et tableaux d'expériences.

1874 . . . . *Les Machines à gaz à l'Exposition de Vienne en 1873.* (*Annales du génie civil.*)

1874 . . . . *Lut pour cornues à gaz.* (*Annales du génie civil.*)

1875 . . . . *Machine à faire le gaz.* Avec pl. (*Annales du génie civil.*)

1877 . . . . *Série officielle des prix de la Ville de Paris.* (*Extrait concernant la canalisation pour le gaz.*) Chaix et Cie, éditeurs.

1877 . . . . *La Lumière électrique et l'éclairage au gaz.* Br. 35 pages. (Article extrait du *Journal des usines à gaz.*)

PUBLICATIONS

CONCERNANT LA LUMIÈRE ÉLECTRIQUE

ALLARD. . . . . *Mémoire sur l'intensité et la portée des Phares.* Imprimerie Nationale, 1877.

BRÉGUET . . . . *Divers Rapports et Mémoires sur l'Éclairage électrique et sur les Machines de Gramme.*

DENAYROUSE . . . . . . *Publications et prospectus se rapportant à la Lumière électrique.*

DUBOSC. . . . . *Notes et instructions sur le Régulateur électrique de M. Foucault.*

FONTAINE. . . . . *L'Éclairage à l'électricité.* Baudry, 1877.

LEROUX. . . . . *Les Machines magnéto-électriques françaises et l'application de l'électricité à l'éclairage des phares. Deux leçons à la Société d'encouragement.* Gauthier-Villars, 1868.

LONTIN. . . . . *Publications et prospectus se rapportant à la Lumière électrique.*

MALÉZIEUX . . . . Un article publié dans les *Annales des Ponts-et-Chaussées* sur la machine de Gramme et sur l'éclairage électrique.

MOIGNO (L'abbé) . . . . . *L'Éclairage électrique.*

QUINETTE DE ROCHEMOND.   *Note sur les Phares électriques de La Hève.* Dunod, 1870.

REYMAND . . . .   *Mémoire sur l'Éclairage et le Balisage des côtes de France.* Imprimerie Impériale, 1864.

REVUE INDUSTRIELLE . .   Divers articles sur la machine de Gramme et sur l'éclairage électrique.

SAUTTER-LEMONNIER. . . .   Trois brochures sur l'éclairage à l'électricité par la machine de Gramme.

SERRIN . . . .   Plusieurs rapports à l'institut et à la Société d'encouragement sur ses régulateurs de lumière électrique.

TRESCA. . . . .   *Compte rendu de la soirée scientifique du Conservatoire.* Lacroix, 1864.

441. . . Paris. — Imp. Vᵉ Éthiou-Pérou et A. Klein, rue Damiette, 2 et 4.

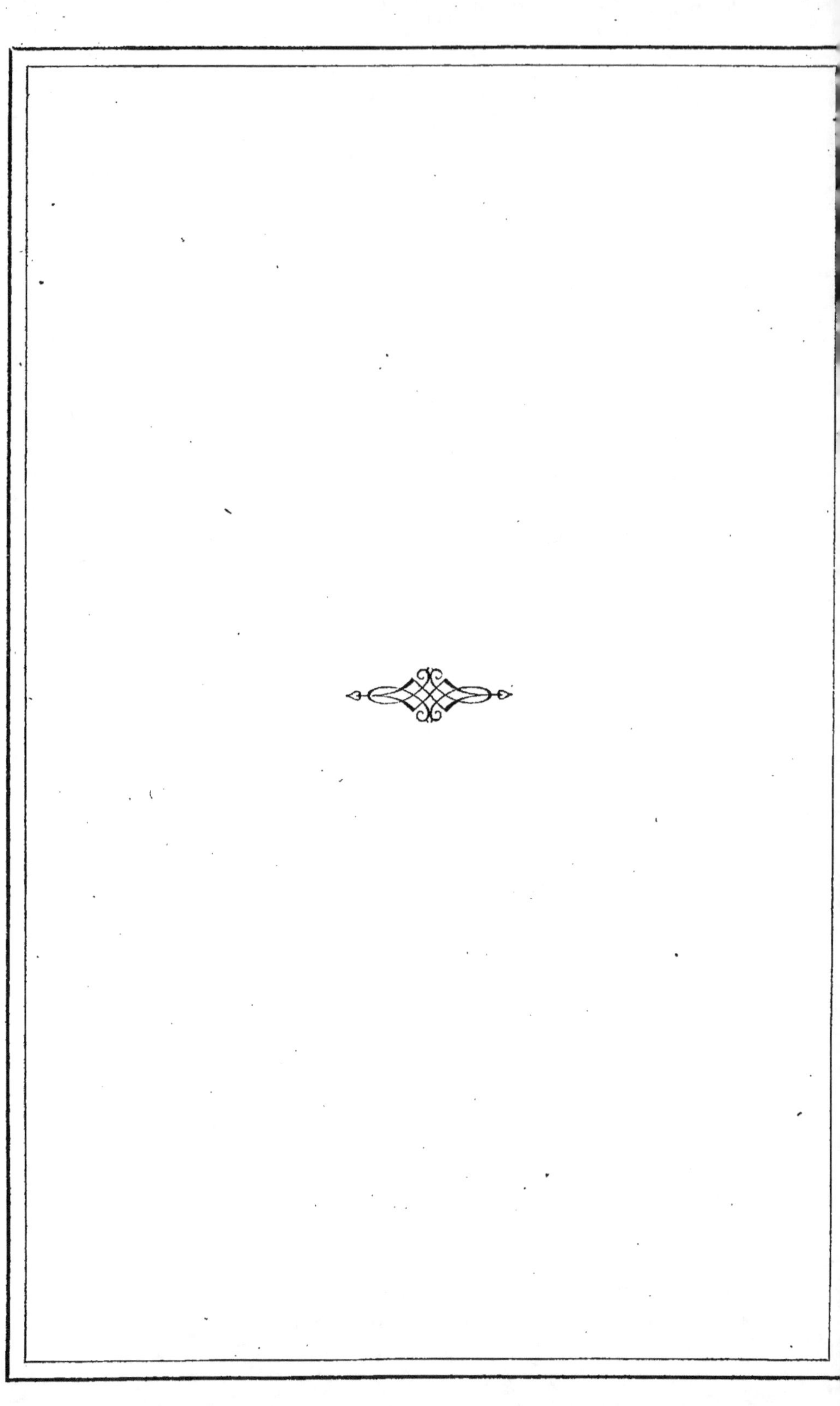

www.ingramcontent.com/pod-product-compliance
Lightning Source LLC
LaVergne TN
LVHW012316050726
842524LV00004B/1434